AF440328

UN GITATEUR

PAR

François MATHURIN

CULTIVATEUR.

—

PRIX : 15 cent.

—

EN VENTE CHEZ BLAIS

1, RUE DE LA PRÉFECTURE, 1

—

POITIERS

—

UN AGITATEUR

UN AGITATEUR

PAR

François MATHURIN

CULTIVATEUR.

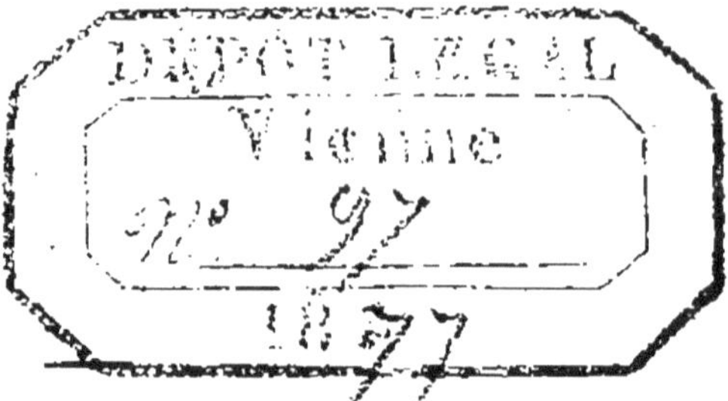

PRIX : 15 cent.

—

EN VENTE CHEZ BLAIS

1, RUE DE LA PRÉFECTURE, 1

—

POITIERS

—

DEUX MOTS

DE

PRÉFACE

Faire connaître au public les errements et les sottises du dictateur Gambetta et de sa république abhorrée ;

Susciter et entretenir les haines contre ce funeste régime ; détailler aux yeux du Peuple des faits qu'il ne sait pas ou qu'il veut ignorer ;

Raviver sans cesse le souvenir des électeurs par le récit des crimes commis contre leur patrie et leur famille ;

Mettre en contraste la prospérité d'autrefois et la misère d'aujourd'hui ; la criminalité contenue et le crime débordant, les passions comprimées et la débauche déchaînée ;

C'est faire à la fois œuvre de patriote et de partisan.

I.

A toutes les époques révolutionnaires qui se sont déchaînées sur la
France, il s'est toujours trouvé des
hommes sans cœur comme sans foi,
sans honnêteté comme sans pudeur
pour faire naître les crises, les prolonger et les raviver quand elles paraissaient s'éteindre. C'est là le fait d'ambitieux qui n'ont point d'amour pour
leur patrie.

Au milieu du chaos engendré par la
haine bestiale qu'ils portent à la
société, ils cherchent à saisir les rênes
du gouvernement, puis ils administrent le pays en sachant prendre leurs

intérêts et en dupant tout à leur aise le Peuple dont ils se font un jouet.

Il s'est toujours trouvé de ces patriotes à faux nez qui conservent le masque sur leur figure jusqu'à ce qu'une main habile et ferme le leur arrache et mette à nu leur hideux visage. Politiques lépreux, leur vie se passe dans les intrigues ; ils répandent leur virus sur tout ce qu'ils touchent, corrompent tout ce qui les approche et n'ont de courage que pour jeter le trouble dans les esprits et semer la division dans les masses. Ils savent jeter les ferments de haine et de discorde parmi les citoyens d'une même patrie, allumer et entretenir la guerre civile ; mais à un moment donné, quand, après avoir lancé tous ces gens les uns contre les autres, ils voient que tout est perdu et que leur barque chavire, ils s'éclipsent aussitôt et ne reparaissent plus. Ils vont se mettre en sûreté et laissent

les malheureux égarés que leur parole
venimeuse a perdus, aux prises avec
la justice. Ces hommes naissent pour
la perte de leur pays, car l'ambition
qui les dévore ne leur donne pas le
temps de s'arrêter sur la pente qui les
entraîne. Ils ont été nombreux en
1793, en 1848 et en 1870. A toutes
ces époques ils ont procédé de la même
manière ; à toutes ces époques ils ont
mis leur patrie en sang.

Il en est un aujourd'hui qui cherche
à singer ses devanciers. C'est le citoyen
Gambetta. Cet homme, si néfaste pour
son pays , a été cause , avec sa
guerre à outrance de 1870, de la perte
de nos deux provinces. Il n'entretient
sa malsaine popularité que par les
bouleversements qu'il suscite. Agita-
teur et révolutionnaire par principe,
n'ayant de conviction politique que
celle qui lui permet de s'enrichir et
de s'engraisser aux dépens des autres;

n'aimant pas sa patrie qu'il trouble, ni le Peuple qu'il dupe, il vit des discordes qu'il entretient et des révolutions qu'il fait naître. C'est là le principal élément de son existence politique. Avant le bonheur du pays, le citoyen Gambetta place ses propres intérêts.

C'est le Garibaldi français avec moins de courage toutefois. Grâce à sa fourberie peu commune il a su faire passer dans l'esprit d'un certain nombre de badauds des théories tout à fait inconciliables avec l'état actuel de la société.

C'est lui, ce balconnier à outrance, tout boursouflé d'orgueil et de jactance, cet insulteur et ce goujat politique qui cherche aujourd'hui à imposer sa volonté et sa personne à la France. Il ne tend à rien moins, en patronnant les candidats républicains, qu'à renverser le Maréchal, l'honneur et la droiture même, et à nous ramener peut-être la guerre avec l'étranger.

Quelle honte ne serait-ce pas pour nous, descendants des vainqueurs d'Austerlitz, d'Iéna et de Wagram, si nous nous voyons tout à coup placés sous la domination de ce dictateur de l'incapacité qui, en 1870, au mépris de tous les droits, voulait pourchasser tout un parti, et qui, ministre de la guerre à outrance, s'enfuyait respirer la brise, sous les orangers de Saint-Sébastien, sitôt qu'on lui signalait l'approche d'un casque prussien.

Pauvre France! à quoi serais-tu donc réduite, si après avoir été souillée par l'étranger, il te fallait subir la domination de ce braillard qui te trompe chaque jour? Que pourrait-on bien encore espérer de toi, si on te voyait réduite à te soumettre à ce Cartouche politique qui, après avoir, le quatre septembre, aidé à l'assassinat du gouvernement légal, voudrait aujourd'hui voler le pouvoir ?

Il est temps de lui crier : Assez ! et de le renvoyer à son barreau plaider la cause de la veuve et de l'orphelin. Tout bon français qui l'a vu à l'œuvre doit l'avoir jugé.

Sa célébrité date du quartier latin. Personne ne l'ignore. C'était là, dans les estaminets, qu'entre un bock et un mêlé-cassis, il s'adressait à une populace déjà grisée de petit bleu et qu'il finissait par enivrer de ses paroles mielleuses et hypocrites. Dans l'affaire Baudin, il prit la défense du communard Delescluze. Sa plaidoirie virulente et passionnée le mit de suite en relief parmi les révolutionnaires. Sa situation fut faite désormais.

Il y a des hommes qui arrivent à la députation par toute une vie de dévouement et de labeurs vis-à-vis des populations qui leur donnent leur suffrage.

Pour Gambetta, il n'en fut pas ainsi. C'est en plaidant pour des incendiaires, en se faisant le porte-parole des assassins, qu'il pût arriver à cette situation. Ce sont les villes centrales où l'émeute est toujours prête à éclater qui envoient ce citoyen-là à la Chambre. Il obtient les suffrages de la plus basse populace. C'est ce qui forme cette queue, dont il ne peut se débarrasser et qui le suit comme son ombre. Et cette vile multitude qu'il a grisée, il la trompe toujours. Quoi donc en effet? N'est-ce pas par les théories insensées que lui et ses coreligionnaires politiques ont inculquées dans l'esprit de la plupart de ces gens-là que la commune s'est déchaînée sur la France avec sa hideuse cohorte d'incendies, de vols et d'assassinats. Et Gambetta ne met-il pas une sorte de gloriole à se faire passer pour l'ami de tous les coquins, de tous les incendiaires, de tous les assassins de la commune ? Et c'est lui qui voudrait présider aux destinées de la France ! Mais jamais le peuple français ne descendra à une telle honte. Cet homme a autre chose à faire qu'à rechercher la présidence d'un pays qu'il a déjà à moitié ruiné et presque bouleversé de fond en comble ; il lui faut rendre ses comptes qui sont restés assez embrouillés depuis le quatre septembre. Que les électeurs soient donc assez intelligents pour remercier tous les candidats républicains qui votent toujours pour cet intrigant, ce sinistre farceur qui sait au pouvoir appliquer des principes tout autres que ceux qu'il prônait dans l'opposition.

Cet individu se joue des volontés de la nation ; il ne respecte rien, foule aux pieds toutes les croyances et tous les principes sur lesquels repose notre société.

Voter pour des républicains serait

vouloir ramener Gambetta lui-même, et avec lui toute cette séquelle de gens tarés à la livrée du 4 septembre; incapables, mais ambitieux, bande de loups affamés qui courent à la curée des places pour s'approprier le monopole de tout. Ne les avons-nous pas vus suffisamment à l'œuvre, ces comédiens, et serions-nous donc encore capables de nous laisser gouverner par de semblables pantins ? Mais c'est impossible ; la France qui veut se relever et vivre en paix doit répudier Gambetta et sa république.

Et puis enfin que nous a-t-elle donc valu cette république ?

Ecoute un peu, Peuple : c'est à toi que je m'adresse, car cela te regarde singulièrement. Depuis sept ans qu'elle existe, elle a tout d'abord amené la commune avec ses farouches sectaires qui pillaient, pétrolaient, volaient, incendiaient n   us   aux monuments,

1*

et assassinaient les hommes les plus honorab^les. Et c'est pour ces gredins qui recommenceraient demain, s'ils le pouvaient, que Gambetta réclame l'amnistie, c'est-à-dire le pardon, l'oubli.

Depuis sept ans le commerce est toujours languissant, les affaires stagnantes ; les grands industriels n'osent pas aventurer leurs capitaux, parce qu'un gouvernement républicain n'assure pas assez la tranquillité du lendemain , qu'il laisse persister cette crainte, cette incertitude qui paralysent tous les efforts et que ferait disparaître un gouvernement ferme et redouté. Tout ce raisonnement repose sur des faits. Il est certain que le ministère Simon, qui n'était en somme que le ministère Gambetta, nous menait aux abîmes. Il nous faut seconder le ministère que nous avons pour qu'il puisse nous arracher des mains des communards.

Et puis, tout n'a-t-il pas augmenté
sous cette république athénienne dont
Jules Simon et Gambetta ne sont pas
les moins beaux ornements.

Ne paie-t-on pas le vin plus cher?
le blé a-t-il donc diminué ? Est-ce que
les moindres aliments n'ont pas at-
teint des prix relativement élevés ?

Depuis que nous sommes en république, les vols et les assassinats se
sont multipliés avec une rapidité ef-
frayante. Il ne se passe guère de jours
sans qu'on ait à raconter les plus
odieux attentats. C'est sous la république que l'on se voit obligé d'augmen-
ter les sessions d'assises à Paris. Et
ces vertueux républicains viennent
nous parler ensuite de la corruption
de l'Empire. De quel droit, s'il vous
plaît, continuez-vous donc vos men-
songes et vos calomnies, impudents
anachorètes de la secte Gambettiste ?
Vous savez parfaitement que vous

mentez lorsque vous parlez de la corruption de l'Empire qui n'existe que dans vos cervelles mises à l'envers par un gouvernement qui savait faire respecter les honnêtes gens et vous faire marcher au pas.

Mais ce que le Peuple ne peut ignorer, c'est le degré de corruption et de débauche où le pays en est arrivé depuis que les républicains ont volé le pouvoir. C'est évidemment et nécessairement la conséquence de ce régime de liberté qui veut trop laisser faire. Quelle différence avec cet Empire tant décrié par les républicains de mauvaise foi ! combien on le regrettera ce gouvernement impérial qui faisait respecter les familles et les propriétés.

Aujourd'hui le vice peut s'étaler presque impunément. Et qui souffre le plus de cet état de choses ? n'est-ce pas toi, peuple des campagnes et des villes, qui vois tes filles livrées au débordement de toutes les passions. Espères-tu pouvoir encore conserver leur honneur, le seul bien véritable auquel tu puisses tenir ? Mais vois combien se multiplient ces odieux attentats ? l'enfance elle-même n'est plus respectée.... Il ne se passe guère de jours où l'on ait à déplorer quelques-uns de ces crimes abominables et à constater le désespoir d'une pauvre famille qui, n'ayant pour tout héritage que l'honneur de son enfant, se le voit enlevé tout à coup par un vil ravisseur.

Ah ! c'est qu'en république on devient plus hardi ; on compte sur la protection *des frères et amis* ; on agit au nom de la sainte liberté ; on ne redoute plus le frein des tyrans, et on ne se sent plus bridé par la loi. — Chacun agit en conséquence, et qui paie les pots cassés ? C'est toi, Peuple.

L'arrivée aux affaires du parti répu-

blicain (*j'entends des vrais républicains,
des républicains logiques avec eux-
mêmes*) serait la destruction de la famille, la persécution de la religion,
le bouleversement de tout. L'expé-
rience nous l'a suffisamment dé-
montré.

Ce serait l'arrêt inévitable du fonc-
tionnement de toutes les industries,
qui reprennent déjà leur essor sous
le nouveau ministère. Aussi n'éprou-
vons-nous pour la république *des républicains* que dégoût et répulsion.

Depuis sept ans, ni le quatre septembre, ni Gambetta, cet avocat trembleur, craignant le bruit du canon à trente lieues de distance, ce dictateur inquiet et brouillon, n'ont rendu leurs comptes.

Tous ces révolutionnaires craignent de montrer aux électeurs combien les dupait impunément ce gouvernement de la défense nationale. Par contre, ces vertueux démagogues n'ont pas manqué de passer au crible tous les comptes de l'Empire. Ils n'ont pu, malgré leur bon vouloir, relever des fraudes contre ce gouvernement auquel ils *refusèrent des soldats et de l'argent* avant la guerre, avec cette pensée anti-patriotique de pouvoir rejeter plus tard sur lui, une responsabilité qui pèsera toujours sur cette opposition républicaine de 1869 dont faisaient partie la fleur du radicalisme, Gambetta, Favre, Simon et Compagnie.

Et pourtant quels souvenirs de bien-être et de prospérité n'a pas laissés l'Empire ? Ses œuvres sont intimement liées au développement de la richesse nationale.

N'est-ce pas lui qui a proclamé la liberté commerciale et la liberté industrielle, passé les traités de 1860 qui ont abaissé les barrières du monopole et réformé la loi des coalitions, qui a donné à l'ouvrier le droit de discuter les conditions de son travail en sauvegardant son indépendance et sa dignité ? Est-ce que l'Empire n'a pas porté la fortune mobilière de la France de cinq milliards à dix huit milliards ? N'a-t-il pas triplé la somme des exportations, affranchi le commerce de la boucherie et de la boulangerie, quintuplé le nombre des machines à vapeur, triplé la production de la houille et de la métallurgie, créé le réseau télégraphique et multiplié toutes les voies de communication, routes, canaux et chemins de fer ? Voilà ce qu'il faut que le pays sache, et j'abrège des trois quarts.

Il sera facile au peuple, par cette rapide énumération, de comparer entre la République et l'Empire. Chacun sait que depuis le désastreux régime que nous devons aux traîtres du 4 septembre, les affaires vont de mal en pis, que tout est en souffrance et que les sources du travail et de la richesse publique menacent de se tarir.

Depuis le 4 septembre que n'a pas

tenté, que n'a pas essayé cette bande de traîtres qu'on appelle les républicains. Ils voient monter autour d'eux le flot des réprobations publiques qui finira par les submerger tout à fait.

Ils ont tout promis et n'ont rien donné ; ils prétendaient vouloir constituer et n'ont fait que détruire et bouleverser. A l'ordre, ils ont substitué l'anarchie, et, avec la République, nous ont amené la Commune, les ruines, les crimes, les désastres, les infamies de tous genres. Quel droit les républicains n'ont-ils pas impunément violé ? Quels intérêts n'ont-ils pas trahis ? Quelle liberté n'ont-ils pas supprimée, ou quelle violence n'ont-ils pas exercée ? Ils n'ont rien respecté. Les convictions politiques, ils les ont outragées ; les convictions religieuses, ils les ont persécutées. Mais la vérité commence à se faire jour, et le peuple désabusé ne croira plus à ces effrontés menteurs, qui craignent de ne plus recouvrer ces dictatures arrogantes au moyen desquelles ils gaspillaient l'argent de la France en débauches et en orgies déjà fameuses dans l'histoire de la révolution du 4 septembre.

On voudrait encore nous ramener à cette odieuse époque. Et Gambetta, l'ami *de l'honnête* Ferrand, le fou furieux, comme le traitait jadis M. Thiers, Gambetta, qui envoyait les mobiles et les mobilisés au feu avec des souliers de carton et des fusils qui ne partaient pas, cherche, à l'heure qu'il est, à renverser le Maréchal pour prendre sa place et devenir le maître absolu du pays. Il lui siérait de recommencer ces petites fêtes d'autrefois, de placer ses créatures et de faire couler le champagne à la santé des électeurs, ses contribuables. Mais ses desseins sont dévoilés. Son caractère lâche et hypocrite est trop connu. Chacun sait que sous la peau de l'opportunisme dort l'hydre même du radicalisme qui attend le moment voulu pour se jeter sur sa proie. Il se montrera d'autant plus féroce qu'il lui aura fallu se contenir plus longtemps.

III

J'en ai fini avec cet homme qui joue
la ruine de son pays dans une der-
nière partie. Mais avant de terminer
cet opuscule, je m'adresserai au peuple, et je lui dirai franchement et sans
arrière-pensée :

« Prends garde aux élections qui
vont avoir lieu. Du vote que tu vas
émettre dépendra ton avenir. Tu auras
en présence les candidats du Maréchal
et les candidats de Gambetta, c'est-à-
dire les soldats de l'ordre et les pires
ennemis de la société.

« Si tu votes pour les candidats de
Gambetta, c'est-à-dire pour des répu-

blicains, tu voteras pour le renverse-
ment du Maréchal ; tu voteras contre
toi-même, contre tes intérêts, car tu
verrais bientôt les affaires s'arrêter et
ton commerce ne plus aller. L'arrivée
de Gambetta aux affaires nous amène-
rait peut-être la guerre étrangère.

« Donne donc un coup de balai à
tous ces candidats qui se présenteront
sous l'égide républicaine ! Prie-les
d'aller porter ailleurs leur drogue
empoisonnée, et dis à ces charlatans
politiques de te laisser en paix.

« La France veut la tranquillité, et
c'est à l'abri du sabre du Maréchal
qu'elle peut seulement la conserver.

« Vote donc pour les candidats
conservateurs, pour les candidats du
Maréchal, c'est-à-dire pour les candidats de la paix. Tu es certain d'obte-
nir ainsi le relèvement de ta patrie,
de voir fonctionner toutes les branches
du commerce, de voir renaître la con-

fiance disparue et de vivre à l'abri des communards.

» Vote surtout avec ensemble pour les candidats bonapartistes : ce sont les plus fidèles soutiens du Maréchal. Ils ne lui marchanderont pas leur concours.

« Si tu envoies une majorité conservatrice, tu peux espérer voir disparaître la misère. Tu auras sauvé le pays de l'effroyable gouffre où Gambetta tend à le précipiter.

Quel rôle plus beau pourrais-tu ambitionner

FIN

Poitiers, imp. de l'Ouest : J. RESSAYRE, — Paris, 3, rue d'Aboukir.